1 TEASPOON
¼ TEASPOON

1 TABLESPOON
¼ TEASPOON

Zuckersüß und zuckerfrei

Sophie Dupuis-Gaulier
Fotos von Stéphane Bahic

Unter Mitwirkung von Florence Daine,
Ernährungswissenschaftlerin

Thorbecke Verlag

Inhalt

MIT STEVIA-STREUSÜSSE

Agaven-
dicksaft
Apfel-
sirup
Honig
Ahorn-
sirup
Stevia
¼ TEASPOON

Mit Vorsicht zu genießen: Zucker!

Warum Süßspeisen ohne Zucker?

„Esst weniger Zucker“, lautet die Empfehlung der Ernährungswissenschaft. Der Grund: Übermäßiger Zuckerkonsum kann zur Gewichtszunahme führen, die Mahlzeiten enthalten zu viele Kalorien im Verhältnis zu Vitaminen, Mineral- und Ballaststoffen. Desserts und Kuchen ohne Zucker sorgen für eine ausgewogenere Ernährung. Zuckerlose Kost empfiehlt sich vor allem für gewichtsbewusste Feinschmecker oder Diabetiker, die gezwungen sind, ihre gesamte Aufnahme an Kohlenhydraten sorgfältig zu kontrollieren.

Wie bereitet man schmackhafte Süßspeisen ohne Zucker zu?

Zuckerfrei essen ist ganz einfach. Es gibt etliche Alternativen zum Industriezucker, die in den nachfolgenden Rezepten verwendet werden. Und Nachspeisen aus reifen Früchten der Saison enthalten schon von Natur aus reichlich Fruchtzucker und bedürfen keiner zusätzlichen Süße. Beispiele finden Sie im ersten Teil des Buches.

	Zucker	Honig	Ahornsirup	Apfelsirup	Agavendicksaft	Stevia
Kohlenhydrate in g auf 100 g	100	80	70	80	90	0
Kalorien in kcal auf 100 g	400	320	280	320	360	0
Wichtigstes Kohlenhydrat	Saccharose	Fruchtzucker	Saccharose	Fruchtzucker	Fruchtzucker	ohne Kohlenhydrate
Vergleichsmenge f. 1 EL Zucker	1 EL	2/3 EL	1 EL	2/3 EL	1 EL	1/10 TL

Natürliche Zuckerersatzstoffe

Honig, Ahornsirup, Apfelsirup, Agavendicksaft … all diese Süßmittel haben weniger Kalorien als Zucker, sind jedoch nicht kohlenhydratfrei. Die Zutaten mit der höchsten Süßkraft enthalten viel Fruchtzucker. Allerdings sind sie nicht die einzigen Alternativen zu Zucker. Stevia, das Süßkraut, eine Pflanze aus Südamerika, enthält keine Kohlenhydrate. Sie verdankt ihre Süßkraft einem ihrer Hauptinhaltstoffe, dem Rebaudiosid A. Stevia ist in Pulverform in Reformhäusern und Bioläden oder als Süßstoff in Supermärkten erhältlich. In den entsprechenden Rezepten kommt eine Streusüße auf Stevia-Basis zur Anwendung, da diese zwar eine geringere Süßkraft besitzt, jedoch einfacher zu dosieren ist.

Süßstoffe

Die Stoffe Aspartam, Acesulfam, Saccharin sowie Cyclamat haben eine hohe Süßkraft (mindestens das Zweihundertfache von Zucker) und enthalten weder Kohlenhydrate noch Kalorien. In Anbetracht der jüngsten, sehr kontroversen Diskussionen über Aspartam, empfiehlt es sich, nicht immer denselben Süßstoff zu verwenden, sondern häufiger zu wechseln.

Guten Appetit

Florence Daine, Ernährungswissenschaftlerin

Dieses Eis aus roten Früchten ist im Handumdrehen zubereitet und braucht keine Eismaschine.

Schnelles Eis aus roten Früchten

VORBEREITUNG: 5 MIN.

FÜR 4 PERSONEN

> 4 Becher Naturjoghurt

> 200 g tiefgefrorene rote Früchte nach Wahl (Himbeeren, schwarze oder rote Johannisbeeren, Heidelbeeren ...)

Die tiefgefrorenen Früchte zusammen mit der Joghurt in einem Standmixer pürieren.

Das Joghurt-Frucht-Eis in 4 Schälchen füllen. Sofort servieren.

Tipp: Bei der Verwendung von frischen Früchten muss die Eismaschine zum Einsatz kommen. In diesem Fall 50 ml Sahne zur Mischung aus Joghurt und frischen Früchten hinzugeben.

Variante: Statt der roten Früchte tiefgefrorenes Mangopüree verwenden.

Als Beilage eignen sich Kokosplätzchen (siehe S. 44).

PRO PERSON: 80 kcal
PROTEINE: 6 g / FETT: 2 g / KOHLENHYDRATE: 9 g / BALLASTSTOFFE: 2,5 g.

Backpapier füllen, falten, verschnüren und ab in den Ofen! Eine einfache und gesunde Art zu garen.

Gewürzbananen im Backpapier

VORBEREITUNG: 5 MIN.

BACKZEIT: 15 MIN.

FÜR 4 PÄCKCHEN

- 4 nicht zu reife Bananen
- 2 Vanilleschoten
- ½ Teelöffel Lebkuchengewürz oder Zimt

Den Backofen auf 180 °C vorheizen.

Vier Rechtecke (15 x 25 cm) aus Backpapier zuschneiden. Bananen schälen. Auf jedes Backpapier eine Banane legen.

Die Vanilleschoten halbieren und das Mark mit der Messerspitze ausschaben. Das Vanillemark auf die Bananen verteilen, alles mit Zimt oder Lebkuchengewürz bestreuen.

Das Backpapier über den Bananen mehrfach einfalten und möglichst dicht verschließen. Für 15 Minuten in den Backofen schieben. Aus dem Ofen nehmen und warm servieren.

Tipp: Die gespaltenen Vanilleschoten zur Dekoration auf die Bananen legen, bevor das Backpapier geschlossen wird.

Variante: Dieses Rezept funktioniert bei verlängerter Backzeit ebenso gut mit Birnen.

PRO PÄCKCHEN: 90 kcal
PROTEINE: 1 g / FETT: 0 g / KOHLENHYDRATE: 21 g / BALLASTSTOFFE: 1 g.

Dieses einfache Rezept ist eine Fingerfoodvariante der herkömmlichen Apfeltarte. Man serviert die Apfeltäschchen lauwarm. Die Früchte für das Kompott können je nach Saison, Lust und Laune gewählt werden.

Apfeltäschchen

VORBEREITUNG: 30 MIN.

KOCHZEIT: 30 MIN.

BACKZEIT: 15 MIN.

FÜR 9 APFELTASCHEN

> 2 große Äpfel

> ¼ TL Zimt

> 30 g Sultaninen

> 1 Rolle Blätterteig aus dem Kühlregal

> 1 Ei

Den Backofen auf 180 °C vorheizen.

Für das Apfelkompott die Äpfel waschen, schälen und das Kernhaus entfernen. Die Äpfel blättrig schneiden. Zusammen mit Zimt und Sultaninen in einen Topf geben und zugedeckt 30 Minuten dünsten.

Den Blätterteig auf der Arbeitsfläche auslegen. Mit einem Glas Kreise von ungefähr 9 cm Durchmesser ausstechen. Zwei Teelöffel abgekühltes Apfelkompott jeweils auf die untere Hälfte der Teigkreise geben. Die obere Kreishälfte über die untere Hälfte schlagen und die Ränder mit einer Gabel andrücken.

Das Ei in einer kleinen Schüssel schaumig schlagen. Mit einem Backpinsel den Deckel der Teigtaschen mit dem geschlagenen Ei bestreichen.

Die Apfeltaschen auf ein mit Backpapier ausgelegtes Backblech legen. 15 Minuten im Ofen backen, bis die Taschen eine goldbraune Färbung angenommen haben.

PRO APFELTASCHE: 145 kcal
PROTEINE: 2 g / FETT: 7 g / KOHLENHYDRATE: 17 g / BALLASTSTOFFE: 1 g.

Diese indischen Samosas werden warm aus der Hand gegessen.

Indische Teigtaschen mit Himbeeren, Schokolade und Pistazien

VORBEREITUNG: 10 MIN.

BACKZEIT: 7 ODER 8 MIN.

FÜR 10 TEIGTASCHEN

> 10 Lagen Filoteig (runde Form)
> 10 g ausgelassene Butter
> 150 g Bitterschokolade (90 % Kakaoanteil)
> 40 g ungesalzene, gehackte Pistazien
> 150 g Himbeeren

Den Backofen auf 200 °C vorheizen

Die Filoteigblätter einzeln mit der ausgelassenen Butter bestreichen. Anschließend jedes Teigblatt auf die Hälfte falten. Die Teigrundung wiederum nach innen klappen, sodass ein längliches Rechteck entsteht. Auf das rechte Ende des Teigbandes ein Stück Schokolade, ½ Teelöffel gehackte Pistazien und drei längs halbierte Himbeeren legen. Die rechte untere Teigecke schräg nach links über die Füllung schlagen, sodass diese mit einem Dreieck bedeckt ist. Dieses Dreieck mit der Füllung nun bis zum Ende des Rechtecks mehrmals weiter nach links umschlagen. Es entsteht eine Tütenform. Das letzte überstehende Stück wie beim Verschließen eines Kuverts in das Teigpäckchen hineinstecken.

Die Teigpäckchen auf ein mit Backpapier ausgelegtes Blech legen. 7 bis 8 Minuten backen, bis der Teig eine goldbraune Färbung angenommen hat.

Variante: Statt Himbeeren Mangos und statt der Pistazien gehackte Mandeln verwenden.

PRO TEIGTASCHE: 175 kcal
PROTEINE: 3 g / FETT: 11 g / KOHLENHYDRATE: 14 g / BALLASTSTOFFE: 4,5 g.

Joghurtgetränk mit Mango

ZUBEREITUNG: 5 MIN.

FÜR 4 GLÄSER

> 2 Kardamomkapseln
> 1 große, reife Mango
> 2 Becher Joghurt, gut durchgerührt
> 300 ml halbfette Milch

Die Kardamomkapseln öffnen und die kleinen, schwarzen Samen herauslösen.

Die Mango waschen und schälen. Anschließend in große Stücke schneiden.

Joghurt, Mangostücke, Milch und Kardamomsamen in einem Standmixer pürieren.

Das Getränk in Gläser füllen. Der Lassi sollte sofort getrunken werden, da sonst das Fruchtpüree darin braun anläuft.

PRO GLAS: 125 kcal
PROTEINE: 6 g / FETT: 4 g / KOHLENHYDRATE: 17 g / BALLASTSTOFFE: 1,5 g.

Erdbeer-Bananen-Limonen-Smoothie

VORBEREITUNG: 5 MIN.

FÜR 4 GLÄSER

> 1 Limette
> 20 Erdbeeren
> 3 Bananen

Den Saft einer Limone auspressen. Die Erdbeeren waschen und entstielen. Die Bananen schälen.

Erdbeeren, Bananen und Limonensaft in einem Standmixer pürieren.

Das dickflüssige Fruchtgetränk in vier Gläser füllen und sofort servieren, um die Oxidation der enthaltenen Vitamine an der Luft zu verhindern.

Tipp: Sie können den Smoothie mit Zesten von einer Limette dekorieren. Je nach Geschmack lässt sich das Mengenverhältnis von Erdbeeren und Bananen variieren.

PRO GLAS: 90 kcal
PROTEINE: 1 g / FETT: 0 g / KOHLENHYDRATE: 19 g / BALLASTSTOFFE: 4 g.

Die Süße des Traubensafts neutralisiert die Säure der Cranberrys. So kommen wir auf angenehme Weise in den Genuss der antioxidativen Eigenschaften der Cranberrys.

Pochierte Birnen in Cranberry- und Traubensaft

VORBEREITUNG: 10 MIN.

KOCHZEIT: 25 MIN.

KÜHLZEIT: 12 STD.

FÜR 4 PERSONEN

> 4 feste Birnen
> 250 ml Cranberrysaft
> 100 ml Traubensaft
> 1 Sternanis
> 1 Zimtstange

Die Birnen waschen und vorsichtig schälen, ohne den Stil zu beschädigen. Birnen zusammen mit Cranberry- und Traubensaft sowie Gewürzen in einen Stieltopf geben.

Birnen im Saft 25 Minuten sprudelnd kochen. Vom Feuer nehmen und abkühlen lassen.

Die Birnen im Saft 12 Stunden in den Kühlschrank stellen.

Tipp: Noch lauwarm zum Beispiel mit Joghurteis servieren.

PRO PERSON: 145 kcal
PROTEINE:1 g / FETT: 1 g / KOHLENHYDRATE: 32 g / BALLASTSTOFFE: 4,5 g.

Für Franzosen sind diese kleinen Köstlichkeiten der Geschmack der Kindheit. Vorsicht beim Backen! Durch den Honig werden diese Madeleines schneller braun.

Honig-Madeleines

VORBEREITUNG: 10 MIN.

BACKZEIT: 10 MIN.

FÜR 20 MADELEINES

> 3 Eier
> 120 g Honig
> 100 g zerlassene Butter
> 150 g Mehl
> ½ Päckchen Backpulver
> 1 Prise Salz
> abgeriebene Schale einer unbehandelten Zitrone
> 1 EL Orangenblütenwasser

Den Backofen auf 210 °C vorheizen

Eier mit Honig und zerlassener Butter in eine Rührschüssel geben. Das durchgesiebte Mehl, Backpulver und die Zitronenschale unterheben. Kräftig rühren, bis sich alle Zutaten zu einem glatten Teig verbunden haben. Orangenblütenwasser hinzufügen.

Die gebutterten Madeleineformen bis zur Hälfte mit Teig befüllen. 10 Minuten im Ofen backen. Dabei darauf achten, dass die Madeleines nicht zu dunkel geraten.

PRO MADELEINE: 95 kcal
PROTEINE: 2 g / FETT: 5 g / KOHLENHYDRATE: 11 g / BALLASTSTOFFE: 0 g.

Miel

Für Eilige empfiehlt es sich, fertiges Apfelkompott aus dem Glas zu verwenden.

Apfeltörtchen mit Pekannüssen

VORBEREITUNG: 15 MIN.

KÜHLZEIT: 20 MIN.

KOCHZEIT: 20 MIN.

BACKZEIT: 15 + 30 MIN.

FÜR 6 TÖRTCHEN

> 4 Äpfel
> 1 Rolle Mürbeteig ohne Zucker aus dem Kühlregal (oder frisch, s. S. 64)
> 5 g Butter zum Ausfetten der Formen
> Saft einer Zitrone
> 6 EL flüssigen Honig
> 60 g Pekannüsse

Den Backofen auf 180 °C vorheizen.

Die Hälfte der Äpfel waschen, schälen und das Kernhaus entfernen. Anschließend in kleine Würfel schneiden. Zusammen mit zwei Esslöffeln Wasser in einen Topf geben. Zugedeckt 20 Minuten kochen, bis das Mus fertig ist. Beiseite stellen.

Während die Äpfel kochen, den Mürbeteig ausrollen. Teigkreise in der Größe der Tortelettformen ausstechen. Die Formen mit Butter einfetten und den Teig einlegen. Die Teigböden mit einer Gabel einstechen. Die Formen mit dem Teig 20 Minuten kühl stellen.

Anschließend Backpapier über den Teig in den Formen legen und Backkugeln oder trockene Hülsenfrüchte hineinfüllen, damit der Teig beim Backen keine Blasen wirft. Anschließend 15 Minuten blindbacken.

Die beiden restlichen Äpfel schälen, entkernen und blättrig schneiden. Zitronensaft darüber träufeln, damit die Äpfel nicht braun anlaufen.

Je einen Esslöffel Apfelkompott auf den Boden jeder Form streichen und die blättrig geschnittenen Apfelspalten dekorativ darüber legen. Den Belag jeweils mit einem Esslöffel flüssigen Honig bestreichen und mit gehackten Pekannüssen bestreuen. 30 Minuten backen.

PRO TÖRTCHEN: 335 kcal
PROTEINE: 3 g / FETT: 16 g /
KOHLENHYDRATE: 42 g/;
BALLASTSTOFFE: 3,5 g.

Dieser Nachtisch mit den einzigartigen orientalischen Aromen ist ein krönender Abschluss für ein Festessen mit Gästen.

Indische Creme-Töpfchen

VORBEREITUNG: 15 MIN.

ZIEHZEIT: 15 MIN.

GARZEIT: 30 MIN.

FÜR 4 CREME-TÖPFCHEN

> 300 ml Vollmilch
> 100 ml flüssige Sahne
> 2 Sternanise
> 1 Vanilleschote
> 2 Zimtstangen
> 2 Kardamomkapseln
> 3 Eier
> 5 EL Honig

Den Backofen auf 180 °C vorheizen.

Milch und Sahne in einem Stieltopf aufkochen. Vom Feuer nehmen und Sternanis, gespaltene Vanilleschote, Zimtstangen und die aus den Kapseln gelösten Kardamomsamen hineingeben. Zugedeckt 15 Minuten ziehen lassen.

Eier zusammen mit Honig in einer Rührschüssel aufschlagen. Die Milch-Sahne-Mischung durch ein Sieb gießen und ohne die Gewürze löffelweise langsam einrühren.

Vier Auflaufförmchen in ein feuerfestes, flaches Gefäß mit Rand stellen. Das Gefäs bis zur halben Höhe der Förmchen mit Wasser füllen. Die Sahne-Eier-Mischung auf die Förmchen verteilen und im feuerfesten Gefäß in den Ofen schieben. Die Creme 30 Minuten im Wasserbad pochieren, bis sie fest ist.

PRO CREME-TÖPFCHEN: 230 kcal
PROTEINE: 8 g / FETT: 14 g / KOHLENHYDRATE: 17 g / BALLASTSTOFFE: 0 g.

Ob in kleinen oder großen Backformen, dieser Kuchen findet bei den Schleckermäulern jeden Alters reißenden Absatz.

Birnenkuchen

VORBEREITUNG: 20 MIN.

BACKZEIT: 20 BIS 25 MIN.

FÜR 6 PERSONEN

> 1 unbehandelte Zitrone
> 2 mittelgroße Birnen
> 150 g Mehl
> ½ Päckchen Backpulver
> 2 Eier
> 80 g zerlassene Butter
> + 5 g für die Backform
> 10 EL Ahornsirup
> 100 ml frisch gepresster Orangensaft
> 1 Prise Salz

PRO PERSON: 335 kcal
PROTEINE: 6 g / FETT: 14 g / KOHLENHYDRATE: 46 g / BALLASTSTOFFE: 2,5 g.

Den Backofen auf 180 °C vorheizen.

Die Zitronenschale mit einer feinen Reibe abreiben und anschließend die Frucht auspressen. Birnen waschen, schälen, entkernen und in kleine Würfel schneiden. Mit Zitronensaft beträufeln, damit das Fruchtfleisch nicht braun anläuft. Beiseite stellen.

Das Mehl mit Backpulver in einer Rührschüssel vermengen.

Die Eier in einer zweiten Schüssel leicht schaumig schlagen. Zerlassene Butter, Ahornsirup, Orangensaft, die geriebene Zitronenschale und Salz einrühren. Das Mehl mit Trockenhefe in diese Masse geben und zu einem glatten Teig verrühren. Birnenwürfel vorsichtig unterheben, damit die Konsistenz der Fruchtstücke erhalten bleibt.

Die Teigmasse auf die zuvor gebutterten kleinen Kastenformen verteilen. In den Backofen schieben und 20 bis 25 Minuten goldbraun backen.

Tipp: Fügen Sie dem Teig geriebenen, frischen Ingwer hinzu oder backen Sie eine geschälte ganze Birne im Teig mit.

Die rosafarbenen und duftigen Küchlein sind wahrlich ein Genuss ohne Reue!

Apfel-Rote-Bete-Küchlein

VORBEREITUNG: 30 MIN.

BACKZEIT: 20 MIN.

FÜR 10 KÜCHLEIN

> ½ Zitrone
> 250 g Äpfel
> 150 g gekochte Rote Bete
> 2 Eier
> 10 EL Ahornsirup
> 100 g Weizenmehl
> 25 g Maisstärke
> ½ Päckchen Backpulver

Den Backofen auf 180 °C vorheizen.

Den Saft einer Zitrone auspressen. Äpfel waschen, schälen und entkernen. Mit Zitronensaft beträufeln, damit sie nicht braun anlaufen. Rote Bete schälen.

Äpfel und Rote Bete in einem Standmixer pürieren.

Eier in einer Schüssel aufschlagen und das Apfel-Rote-Bete-Püree und den Ahornsirup kräftig untermischen.

In einer zweiten Schüssel Maisstärke und Backpulver unter das Mehl mischen. Anschließend zum gesüßten Püree geben und gut unterrühren.

Den Teig auf kleine, gebutterte Gugelhupfformen verteilen. 20 Minuten im Ofen backen.

Tipp: Möchten man die Teigmenge in einer einzigen großen Gugelhupfform backen, sollte die Backzeit der Größe der Form entsprechend auf 30 bis 35 Minuten verlängert werden.

PRO KÜCHLEIN: 125 kcal
PROTEINE: 3 g / FETT: 1 g /
KOHLENHYDRATE: 25 g /
BALLASTSTOFFE: 1 g.

Die aromatischen Süße des Hokkaidokürbisses wird sie überraschen! Probieren Sie dieses Rezept auch mit anderen Kürbissorten aus wie Muskatkürbis, Moschuskürbis (Butternut) …

Kürbis- Kokosnuss-Fondant

VORBEREITUNG: 30 MIN.

KOCHZEIT 20 MIN.

BACKZEIT: 15 MIN.

FÜR 6 PERSONEN

> 300 g Hokkaido-Kürbisfleisch
> 2 Eier
> 3 EL Weizenmehl
> 2 EL Maisstärke
> 3 EL Kokosraspeln
> 8 EL Ahornsirup
> 10 g Butter für die Förmchen

Backofen auf 180 °C vorheizen.

Das Fleisch des dünnschaligen Hokkaidokürbisses kann mit Schale verwendet werden. Waschen, in Stücke schneiden und ungefähr 20 Minuten dünsten. Anschließend in einem Standmixer pürieren.

In einer Rührschüssel die Eier aufschlagen und mit Mehl, Maisstärke, Kokosraspeln und Ahornsirup zu einem glatten Teig verrühren. Das Kürbispüree unter die Ei-Masse heben.

Kleine Auflaufförmchen oder eine große feuerfeste Form mit Butter einfetten und die Teigmasse einfüllen. 15 Minuten im Ofen backen. Lauwarm servieren.

Tipp: Eilige können auch tiefgefrorenes Kürbispüree verwenden. Vor dem Servieren das Fondant zusätzlich mit Kokosraspeln bestreuen.

PRO PERSON: 205 kcal
PROTEINE: 4 g / FETT: 6 g / KOHLENHYDRATE: 31 g / BALLASTSTOFFE: 2 g.

Außerhalb der Feigensaison (Sommerende und Herbstanfang) verwendet man für dieses Rezept tiefgefrorene Feigen. In diesem Fall den Ahornsirup durch Honig oder Agavendicksaft ersetzen.

Gebratene Feigen in Ahornsirup

VORBEREITUNG: 5 MIN.

BRATZEIT: 8 BIS 10 MIN.

FÜR 4 PERSONEN

- > 12 Feigen
- > 10 g Butter
- > 6 EL Ahornsirup
- > 30 g Pinienkerne

Feigen waschen und der Länge nach halbieren.

Butter in einer Pfanne vorsichtig erhitzen. Feigen, Ahornsirup und Pinienkerne dazugeben. Unter ständigem Wenden 8 bis 10 Minuten braten.

Lauwarm servieren.

Tipp: Kurz vor dem Servieren pro Person einen Esslöffel Mascarpone zu den Feigen geben.

PRO PERSON: 220 kcal
PROTEINE: 3 g / FETT: 7 g / KOHLENHYDRATE: 35 g / BALLASTSTOFFE: 4 g.

Diese köstliche Nachspeise weckt mit ihrem Duft Erinnerungen an die Kindheit.

Grießpudding mit Apfelsirup

VORBEREITUNG: 15 MIN.

KOCHZEIT: 10 MIN.

KÜHLZEIT: 1 STD.

FÜR 6 PERSONEN

> 1 l Vollmilch
> 1 Prise Salz
> 9 EL Apfelsirup
> 80 g Rosinen
> 150 g feiner Hartweizengries
> 2 Eier

Milch, Salz, Apfelsirup und Rosinen in einem Topf zu Kochen bringen. Hartweizengrieß unter kräftigem Rühren einrieseln lassen, so dass keine Klümpchen entstehen. Die Hitze reduzieren und weiter unter ständigem Rühren 6 bis 8 Minuten köcheln lassen.

Ist der Quellvorgang beendet, vom Feuer nehmen und auf die vorbereitete Form oder einzelne Förmchen verteilen. Die Puddingformen 1 Stunde vor dem Servieren in den Kühlschrank stellen.

Tipp: Vor dem Servieren auf Teller stürzen und den Pudding mit Apfelsirup übergießen.

PRO PERSON: 330 kcal
PROTEINE: 11 g / FETT: 8 g / KOHLENHYDRATE: 53 g / BALLASTSTOFFE: 3 g.

Apfelsirup macht diesen Kuchen besonders locker und saftig, ein angenehmer Kontrast zu den knackigen Haselnüssen.

Vanille-Haselnuss-Kuchen

VORBEREITUNG: 10 MIN.

BACKZEIT: 40 BIS 45 MIN.

FÜR 8 PERSONEN

- > 100 g Mehl
- > 1 Päckchen Backpulver
- > 100 g gemahlene Haselnüsse
- > 3 Eier
- > 12 EL Apfelsirup
- > 100 g zerlassene Butter
- > 1 Becher Naturjoghurt (125 ml)
- > 1 Vanilleschote
- > 10 g gehackte Haselnüsse

Den Backofen auf 180 °C vorheizen.

Mehl, Backpulver und die gemahlenen Haselnüsse in einer Rührschüssel miteinander vermischen.

In einer zweiten Schüssel die Eier aufschlagen. Apfelsirup, zerlassene Butter und zuletzt Joghurt unterrühren. Die Vanilleschote aufschlitzen, das Mark auskratzen und in die Ei-Masse geben. Die Mehlmischung nach und nach unterrühren, bis ein glatter, homogener Teig entstanden ist.

Den Teig in eine gebutterte Kastenform gießen. Die Teigoberfläche mit gehackten Haselnüssen bestreuen.

Je nach Größe der Kastenform 40 bis 45 Minuten im Ofen goldbraun backen.

PRO PERSON: 310 kcal
PROTEINE: 5 g / FETT: 18 g / KOHLENHYDRATE: 29 g / BALLASTSTOFFE: 2 g.

Dieser Milchreis in einer neuen Orangenvariante ist eine Entdeckung.

Orangen-Milchreis

VORBEREITUNG: 30 MIN.

KOCHZEITEN INGES.: 40 BIS 45 MIN.

FÜR 6 PERSONEN

- > 250 g Karotten
- > 650 ml Milch
- > 150 ml Kokosmilch
- > 100 ml Orangensaft, frisch gepresst
- > 10 EL Agavendicksaft
- > 180 g Rundkornreis

Karotten waschen und schälen. In Scheiben schneiden und in kochendes Wasser geben. In 20 Minuten weich kochen.

Karotten mit 300 ml Milch in einem Mixer pürieren.

Das glatte Püree in einen Topf füllen und die restliche Milch, Kokosmilch, Orangensaft, Agavendicksaft sowie den Rundreis dazugeben.

Alles zusammen aufkochen und simmern lassen, bis der Reis die Flüssigkeit vollständig aufgesogen hat. Das dauert ungefähr 20 bis 25 Minuten. Dabei häufig umrühren. Den Milchreis in Gläser oder Auflaufformen füllen. Lauwarm servieren.

PRO PERSON: 345 kcal
PROTEINE: 6 g / FETT: 9 g / KOHLENHYDRATE: 59 g / BALLASTSTOFFE: 3 g.

Kosten Sie diese delikaten Kekse zur Teestunde oder als Nachtisch mit einer Tasse Kaffee oder Espresso. Der schwarze Sesam kann durch helle Sesamsamen ersetzt werden.

Kokosplätzchen

VORBEREITUNG: 10 MIN.

BACKZEIT: 15 MIN.

ERGIBT 20 KEKSE

> 125 g weiche Butter
> 10 EL Agavendicksaft
> 1 Ei
> 100 g Weizenmehl
> 75 g Kokosmehl (aus dem Bioladen)
> 1 TL Natron
> 3 EL schwarzer Sesam

Den Backofen auf 180 °C vorheizen.

Für den Teig weiche Butter mit Agavendicksaft in einer Rührschüssel verrühren. Anschließend das Ei, Weizenmehl, Kokosmehl, Natron und schwarzen Sesam dazugeben. Zu einem glatten Teig verrühren.

Den Teig mit einem Teigroller auswellen. Mit einem Ausstecher 20 kreisrunde Plätzchen ausstechen.

Ein Backblech mit Backpapier auslegen. Die Plätzchen darauf verteilen. 15 Minuten backen. Die Plätzchen sollen goldgelb und gut durchgebacken sein.

PRO PLÄTZCHEN: 135 kcal
PROTEINE: 2 g / FETT: 9 g / KOHLENHYDRATE: 11 g / BALLASTSTOFFE: 1,5 g.

Ein wahrlich delikates und leichtes Dessert aus knusprigem Teig mit fruchtiger Süße – ihre Gäste werden beeindruckt sein.

Blätterteig mit Birnen in Agavendicksaft

VORBEREITUNG: 20 MIN.

BACKZEIT: 6 BIS 7 MIN.

BRATZEIT: 10 MIN.

FÜR 4 PORTIONEN

> 9 Filoteigblätter
> 20 g geschmolzene Butter
> 4 kleine Birnen
> 6 EL Agavendicksaft
> 2 Vanilleschoten

Den Backofen auf 200 °C vorheizen.

Die neun Filoteigblätter übereinandergelegt lassen und mit einem scharfen Messer in ca. 15 x 6 cm große Rechtecke schneiden. Auf diese Weise erhält man vier Stapel aus je neun Filoteigblättern. Diese auf ein mit Backpapier ausgelegtes Backblech verteilen.

Mit einem Backpinsel die obersten Teigblätter mit flüssiger Butter bestreichen. 6 oder 7 Minuten im Ofen backen.

Inzwischen die Birnen waschen, schälen und entkernen. In kleine Würfel schneiden. 10 Minuten in einer Pfanne mit der restlichen Butter, dem Agavendicksaft und dem ausgelösten Mark der Vanilleschoten braten. Dabei das Bratgut nur vorsichtig bewegen, damit die Birnenwürfel nicht zerfallen.

Die Fruchtmischung portionsweise zwischen jeweils drei Lagen der gebackenen Teigblattstapel füllen.

PRO PERSON: 285 kcal
PROTEINE: 3 g / FETT: 5 g /
KOHLENHYDRATE: 56 g /
BALLASTSTOFFE: 3 g.

Voilà, die süße Variante des allseits beliebten, traditionellen Sushis.

Frucht-Sushi mit Kokosmilchsoße

VORBEREITUNG: 40 MIN.

KOCHZEIT: CA. 15 MIN.

FÜR 16 SUSHIS

> 125 g Sushireis (Milchreis)
> 50 ml Kokosmilch (20 + 30 ml)
> 4 Erdbeeren
> 1 Kiwi
> 4 Himbeeren
> 1 EL Streusüße auf Stevia-Basis (s. S. 64)
> 2 EL helle Sesamsamen

Den Reis in einer Mischung aus 230 ml Wasser und 20 ml der Kokosmilch kochen. Hat der Reis sämtliche Flüssigkeit aufgesogen, ist er gar. Die Kochzeit dauert ca. 15 Minuten. Den fertigen Reis abkühlen lassen.

Die Früchte waschen und entstielen. Blättrig schneiden, um die Reisröllchen damit zu belegen.

Die Hände anfeuchten, damit der Reis nicht kleben bleibt. Den Sushireis zu 16 kleinen Rollen formen. Die Fruchtscheiben darauf legen. Die Sesamsamen darüber streuen.

In einem Topf die restlichen 30 ml Kokosmilch leicht erwärmen und die Streusüße dazugeben. Gut verrühren. Die Soße zu den Sushirollen servieren.

Tipp: Stellen Sie diese Sushirollen mit Früchten Ihrer Wahl her (Mango, Johannisbeeren, Birnen, Pfirsiche …) oder servieren Sie sie mit einer Soße aus Bitterschokolade (Kakaoanteil 90 %).

PRO SUSHIROLLE: 55 kcal
PROTEINE: 1 g / FETT: 2 g / KOHLENHYDRATE: 8 g / BALLASTSTOFFE: 1 g.

Diese Tarte ist eine Variante der beliebten Obstkuchen mit Mandelcreme – jedoch ohne Zucker. Die Zwetschgen lassen sich auch gut durch Birnen ersetzen.

Zwetschgen-Mandelcreme-Tarte

VORBEREITUNG: 20 MIN.

KÜHLZEIT: 20 MIN.

BACKZEIT: 15 + 30 BIS 35 MIN.

FÜR 6 PERSONEN

> 1 Rolle Mürbeteig (aus dem Kühlregal oder frisch: s. S. 64)

> 600 g Zwetschgen, frisch oder tiefgefroren

Für die Mandelcreme

> 100 g weiche Butter

> 100 g gemahlene Mandeln

> 1 Päckchen Vanille-Extrakt

> 10 EL Streusüße auf Stevia-Basis (s. S. 64)

> 2 Eier

PRO PERSON: 480 kcal
PROTEINE: 8 g / FETT: 34 g / KOHLENHYDRATE: 32 g / BALLASTSTOFFE: 5,5 g.

Den Backofen auf 180 °C vorheizen.

Den Mürbeteig 10 Minuten vor der Verwendung aus dem Kühlschrank nehmen, damit er sich leichter verarbeiten lässt. Eine Tarteform mit 23 Zentimeter Durchmesser buttern und mit dem ausgerollten Mürbeteig auslegen. Den Teigboden gleichmäßig mit einer Gabel einstechen. Teig in der Form 20 Minuten in den Kühlschrank stellen.

Backpapier über den Teig decken. Backkugeln oder getrocknete Hülsenfrüchte einfüllen. Anschließend in den Ofen schieben und 15 Minuten blindbacken.

Für die Mandelcreme geriebene Mandeln, weiche Butter, Vanille-Extrakt und Streusüße vermengen. Anschließend nach und nach die aufgeschlagene Eiermasse kräftig einrühren, bis eine glatte Masse entstanden ist.

Die Mandelmasse auf den vorgebackenen Mürbeteigboden geben und mit den entkernten und halbierten Zwetschgen belegen. Die Zwetschgenhälften werden mit der Schnittfläche nach oben hineingelegt, damit nicht zu viel Fruchtsaft in den Teig dringen und ihn aufweichen kann. 30 bis 35 Minuten im Ofen backen, bis die Mandelmasse fest geworden ist.

Entdecken Sie den cremigen Schmelz der Polenta, die knackige Mohnsaat und die aromatischen Süße der Himbeeren. Eine unvergleichliche Verbindung!

Polentaküchlein mit Erdbeeren und Mohn

VORBEREITUNG: 15 MIN.

BACKZEIT: 25 MIN.

FÜR 12 KÜCHLEIN

> 100 g Maisgrieß
> 50 g Maisstärke („Mondamin")
> 1 Päckchen Backpulver
> 1½ EL Mohnsamen
> 3 Eier
> 60 g zerlassene Butter
> 300 g Quark (20 % Fett)
> 10 TL Streusüße auf Steviabasis (s. S. 64)
> 200 g Himbeeren

Den Backofen auf 180 °C vorheizen.

Maisgrieß, Maisstärke, Backpulver und Mohnsamen in einer Rührschüssel gut vermischen.

In einer zweiten Schüssel Eier, Quark und zerlassene Butter verrühren. Die Maisgrieß-Maisstärke-Mischung zu der Quarkmasse geben. Kräftig durchrühren, bis sich alle Zutaten zu einem glatten Teig verbunden haben. Anschließend Streusüße und Himbeeren dazugeben. Vorsichtig unterheben, um die Himbeeren nicht zu zerdrücken.

Eine Muffinform mit Papierförmchen auskleiden und mit dem Teig befüllen. 25 Minuten backen.

Tipp: Die Backmischung kann auch durch die abgeriebene Schale und den Saft einer unbehandelten Zitrone ergänzt werden.

PRO KÜCHLEIN: 140 kcal
PROTEINE: 4 g / FETT: 7 g / KOHLENHYDRATE: 14 g / BALLASTSTOFFE: 1,5 g.

Dieser lockere und saftige Kuchen macht süchtig! Vorsicht! Bei einer Portion wird es nicht bleiben!

Saftiger Pistazien-Schokoladenkuchen

VORBEREITUNG: 10 MIN.

BACKZEIT: 30 MIN.

FÜR 6 PERSONEN

> 100 g Bitterschokolade (90% Kakaoanteil)
> 3 Eier
> 1 Prise Salz
> 200 g Quark (20% Fett)
> 50 g Maisstärke
> 1 Päckchen Backpulver
> 1 TL Vanille-Extrakt
> 6 EL Streusüße auf Stevia-Basis (s. S. 64)
> 5 TL ungesüßtes Kakaopulver
> 40 g ungesalzene, gehackte Pistazienkerne

PRO PERSON: 265 kcal
PROTEINE: 10 g / FETT: 19 g / KOHLENHYDRATE: 13 g / BALLASTSTOFFE: 4 g.

Den Backofen auf 180 °C vorheizen.

Schokolade in eine Schüssel geben und im Dampf über einem Wasserbad (der Schüsselboden darf das Wasser nicht berühren) schmelzen.

Eigelb und Eiweiß trennen. Die Prise Salz in das Eiweiß geben und steif schlagen.

Eigelb, Quark, Maisstärke, Backpulver, Streusüße, Vanille-Extrakt, Kakaopulver, gehackte Pistazien und zuletzt die geschmolzene Schokolade in einer Schüssel kräftig verrühren, bis sich die Zutaten zu einer homogenen Masse verbunden haben. Mit einem hölzernen Spachtel den steifen Eischnee vorsichtig unter die Mischung heben. Behutsam rühren, bis eine glatte Masse entstanden ist.

Den Teig in eine gebutterte Form geben. 30 Minuten backen. Mit einem Messer in die Mitte stechen, um festzustellen, dass der Kuchen die gewünschte Konsistenz hat. Soll der Kern flüssiger sein, reduziert man die Backzeit um 5 Minuten.

Diese appetitlichen, goldbraunen Häppchen sind ein Gedicht! Für Schleckermäuler überzieht man die Makronenspitzen mit flüssiger Zartbitterschokolade (70% Kakaoanteil).

Kokosmakronen

VORBEREITUNG: 5 MIN.

BACKZEIT: 15 MIN.

FÜR 8 MAKRONEN

> 2 Eier
> 15 g zerlassene Butter
> 60 g Kokosraspeln
> 4 EL Streusüße auf Stevia-Basis (s. S. 64)

Den Backofen auf 180 °C vorheizen.

Eier in Eigelb und Eiweiß trennen.

Eiweiß in einer Schüssel mit geschmolzener Butter samt Kokosraspeln schaumig schlagen. Die Streusüße dazugeben und alles kräftig verrühren.

Kleine Häufchen aus Kokosteig mit dem Löffel (oder dem Spritzbeutel) auf ein mit Backpapier ausgelegtes Backblech geben. 15 Minuten im Ofen backen, bis die Makronen eine schöne goldbraune Färbung angenommen haben.

PRO MAKRONE: 45 kcal
PROTEINE: 1 g / FETT: 4 g / KOHLENHYDRATE: 0 g / BALLASTSTOFFE: 1 g.

Panna cotta ist ursprünglich eine italienische Cremespeise, die mit Gelatine zubereitet wird. Man kann auch Agar-Agar verwenden, das jedoch immer aufgekocht werden muss.

Panna cotta mit Brombeersoße

VORBEREITUNG: 10 MIN.

KOCHZEIT: 5 MIN.

KÜHLZEIT: 3 STD.

FÜR 4 PERSONEN

- > 2 Gelatineblätter
- > 1 Vanilleschote
- > 700 ml Kochsahne (15% Fett)
- > 4 EL Streusüße auf Stevia-Basis (s. S. 64)
- > + 2 EL für das Fruchtpüree
- > 200 g Brombeeren

Gelatineblätter in einer Schüssel mit kaltem Wasser einweichen.

Die Vanilleschote aufschneiden und das Mark mit einem Messer auskratzen. Die Kochsahne in einen Topf geben, Vanilleschote und Vanillemark hinzufügen und unter Rühren aufkochen, dann die Vanilleschote entfernen.

Den Topf vom Feuer nehmen. Gelatine ausdrücken und in die Sahne geben. Rühren, bis sich die Gelatine aufgelöst hat. Streusüße hinzufügen und erneut durchrühren.

Die Sahnemasse in kleine Gläser oder Auflaufförmchen gießen und drei Stunden in den Kühlschrank stellen, bis die Creme fest geworden ist.

Kurz vor dem Servieren die Brombeeren mit zwei Esslöffeln Wasser und zwei Esslöffeln Streusüße in einen Topf geben. Unter ständigem Rühren aufkochen, damit die Brombeeren sich nicht am Topfboden festsetzen. Lauwarm über die Panna cotta gießen.

PRO PERSON: 310 kcal
PROTEINE: 6 g / FETT: 27 g /
KOHLENHYDRATE: 11 g /
BALLASTSTOFFE: 0,5 g.

Ob mit Kaffee, Schokolade, Vanille oder Karamell … bereiten Sie Ihren Flan je nach gewünschter Geschmacksrichtung zu!

Kaffee-Flan

VORBEREITUNG: 10 MIN.

GARZEIT: 30 MIN.

FÜR 6 PORTIONSFÖRMCHEN

> 600 ml Milch
> 2 kleine Tassen Espresso (oder 4 TL Instant-Espresso)
> 3 Eier
> 4 TL Streusüße auf Stevia-Basis (s. S. 64)

Den Backofen auf 180 °C vorheizen.

Milch mit Espresso oder Instant-Pulver in einem Topf aufkochen.

Eier mit Streusüße in einer Schüssel mit dem Schneebesen aufschlagen. Den heißen Milchkaffee hinzugeben.

Die Milchkaffee-Eier-Masse in Portionsförmchen füllen und in eine feuerfeste Form stellen. Wasser einfüllen, sodass die Förmchen bis zur Hälfte im Wasser stehen. Die feuerfeste Form in den Ofen schieben und die Milchmasse 30 Minuten im Wasserbad stocken lassen.

Tipp: Dieses Rezept funktioniert auch mit Sojamilch und einem Teelöffel Vanille-Extrakt.

PRO PORTION: 150 kcal
PROTEINE: 10 g / FETT: 9 g / KOHLENHYDRATE: 7 g / BALLASTSTOFFE: 0 g.

Ein farbenfrohes, schmackhaftes und schnelles Dessert! Mit den Früchten der Saison ist diese Süßspeise rund ums Jahr ein Genuss.

Gratin aus roten Früchten

VORBEREITUNG: 10 MIN.

BACKZEIT: 15 MIN.

FÜR 4 PERSONEN

> 1 Vanilleschote
> 1 Ei
> 100 ml flüssige Sahne
> 4 EL gemahlene Mandeln
> 5 EL Streusüße auf Stevia-Basis (s. S. 64)
> 1 Stückchen Butter für die Form
> 320 g rote Früchte nach Wahl (Himbeeren, Johannisbeeren, Heidelbeeren)
> 4 EL Mandelsplitter

Den Backofen auf 180 °C vorheizen.

Vanilleschote aufschneiden und mit einer Messerspitze das Mark auskratzen. Beiseite stellen.

In einer Rührschüssel das Ei schaumig schlagen und Sahne, gemahlene Mandeln, Vanillemark sowie Streusüße einrühren.

Die Fruchtmischung in eine gebutterte Auflaufform geben. Die vorbereitete Eier-Sahne-Mischung darübergießen und mit den Mandelsplittern bestreuen.
15 Minuten lang überbacken.

Tipp: Verwendet man vorwiegend Johannisbeeren oder Stachelbeeren, die recht sauer sind, kann man etwas mehr Streusüße verwenden.

PRO PERSON: 270 kcal
PROTEINE: 7 g / FETT: 22 g / KOHLENHYDRATE: 8 g / BALLASTSTOFFE: 7 g.

Diese Muffins sind auch mit Himbeeren ein Gaumenschmaus. Genießen Sie sie gleich warm aus dem Ofen!

Muffins mit Walnüssen und Blaubeeren

VORBEREITUNG: 10 MIN.

BACKZEIT: 25 MIN.

FÜR 8 MUFFINS

- 35 g Maisstärke
- 90 g Weizenmehl
- ½ Päckchen Backpulver
- 40 g Butter oder 40 ml Pflanzenöl
- 1 Ei
- 60 ml Milch (1,5 % Fett)
- 5 EL Streusüße auf Stevia-Basis (s. S. 64)
- 50 g Walnusskerne
- 100 g frische oder tiefgefrorene Blaubeeren

Den Backofen auf 180 °C vorheizen.

Maisstärke, Weizenmehl und Backpulver in einer Schüssel gut mischen.

Die Butter schmelzen. In einer zweiten Schüssel Ei, Milch, geschmolzene Butter (oder das Pflanzenöl) sowie die Streusüße verrühren. Die Mehlmischung hinzugeben und mit einem Löffel nur kurz unterrühren, bis man das Mehl nicht mehr sieht.

Die grob gehackten Walnüsse samt Blaubeeren unterheben.

Den Teig auf gebutterte Muffinformen (oder ungefettete Silikonformen) verteilen. In den Ofen stellen und 25 Minuten backen, bis die Muffins eine schöne goldbraune Färbung angenommen haben.

PRO PERSON: 150 kcal
PROTEINE: 3 g / FETT: 8 g / KOHLENHYDRATE: 16 g / BALLASTSTOFFE: 1 g.

Der Fiadone ist eine Spezialität aus Korsika: ein Käsekuchen ohne Boden. Den traditionell verwendeten Frischkäse aus Schafsmilch kann man durch Frischkäse aus Kuhmilch ersetzen.

Korsischer Käsekuchen

VORBEREITUNG: 10 MIN.

BACKZEIT: 40 MIN.

FÜR 6 PERSONEN

> 1 unbehandelte Zitrone
> 6 Eier
> 450 g Frischkäse von Schaf oder Kuh
> 6 EL Streusüße auf Stevia-Basis (s. S. 64)
> 5 g Butter für die Form

Den Backofen auf 180 °C vorheizen.

Die Zitrone waschen, die Schale abreiben und den Saft auspressen.

In einer Schüssel die Eier unter den Frischkäse rühren, dann die geriebene Zitronenschale, den Zitronensaft und zuletzt die Streusüße.

Die Käsemischung in eine gebutterte Auflaufform geben. 40 Minuten im Ofen backen. Der Käsekuchen sollte an der Oberfläche leicht gebräunt sein.

PRO PERSON: 250 kcal
PROTEINE: 16 g / FETT: 19 g / KOHLENHYDRATE: 2 g / BALLASTSTOFFE: 0 g.

Eine Delikatesse, die auf der Zunge zergeht und Groß und Klein gleichermaßen überzeugt.

Rhabarberkuchen

VORBEREITUNG: 20 MIN.

BACKZEIT: 35 MIN.

FÜR 6 PERSONEN

- > 250 g Rhabarber, frisch oder tiefgefroren
- > 120 g Mehl
- > 8 EL Streusüße auf Stevia-Basis (s. S. 64)
- > 1 Päckchen Vanille-Extrakt
- > 1 Ei
- > 1 Prise Salz
- > ½ Päckchen Backpulver
- > 100 ml Milch
- > 5 g Butter für die Form

Den Backofen auf 180 °C vorheizen.

Rhabarberstängel waschen, schälen und in ein Zentimeter lange Stücke schneiden.

In einer Schüssel Mehl, Streusüße, Vanille-Extrakt, Backpulver, das Ei, Salz, Backpulver und Milch zu einem glatten Teig verrühren. Den Rhabarber unterheben.

Den Teig in eine gebutterte Auflaufform geben und für 35 Minuten im Ofen backen.

Tipp: Verwendet man eine Tarteform, kann man zuerst den Teig in die Form geben und die Rhabarberstückchen wie bei einem Apfelkuchen darüber schichten.

PRO PERSON: 115 kcal
PROTEINE: 4 g / FETT: 3 g / KOHLENHYDRATE: 18 g / BALLASTSTOFFE: 1,5 g.

Streusüße auf Stevia-Basis:

Die Rezepte in diesem Buch sind für Streusüße auf Stevia-Basis ausgelegt, bei der ein Esslöffel etwa die gleiche Süßkraft hat wie ein Esslöffel Zucker. Diese Streusüße gibt es von verschiedenen Firmen. In Deutschland empfehlen wir Canderel Green, da hier der steviatypische Lakritzgeschmack nicht so stark ist. In der Schweiz gibt es außerdem noch Assugrin SteviaSweet, das ebenfalls den Lakritzgeschmack durch Aromen ausgleicht.
Bei allen Sorten von Stevia-Süßmitteln schmeckten die Produkte am besten, wenn man sie gleich frisch bzw. ofenwarm servierte.
Grundsätzlich kann für die Rezepte ab S. 48 auch herkömmliche Streusüße mit Süßstoff verwendet werden.

Rezept für Mürbeteig ohne Zucker

250 g Weizenmehl (Type 405 oder 550), 1 Eigelb, 125 g Butter, Wasser, 1 Prise Salz. Das Mehl auf die Arbeitsfläche geben, in die Mitte eine Kuhle drücken und das Eigelb hineingeben, die Butter kleinhacken und um das Ei herum verteilen, salzen; alles zügig miteinander verkneten, dabei immer wieder ein wenig Wasser hinzufügen, eine Kugel formen und mindestens eine Stunde kühl stellen.

Danke an Eliane für das Rhabarberkuchen-Rezept. Danke auch an Denis, Eric und Marina, die die meisten Rezepte in diesem Buch getestet haben! Luison, dieses Buch ist für Dich!

MIX
Papier aus verantwortungsvollen Quellen
FSC www.fsc.org FSC® C028513

Für die Schwabenverlag AG ist Nachhaltigkeit ein wichtiger Maßstab ihres Handelns. Wir achten daher auf den Einsatz umweltschonender Ressourcen und Materialien. Dieses Buch wurde auf FSC®-zertifiziertem Papier gedruckt. FSC (Forest Stewardship Council®) ist eine nicht staatliche, gemeinnützige Organisation, die sich für eine ökologische und sozial verantwortliche Nutzung der Wälder unserer Erde einsetzt.

www.thorbecke.de

Übersetzung aus dem Französischen von Christine Frauendorf-Mössel
Umschlaggestaltung: Finken und Bumiller, Stuttgart
Fotografie und Umschlagabbildung: Stéphanie Bahic
Druck: Süddeutsche Verlagsgesellschaft Ulm
Hergestellt in Deutschland
ISBN 978-3-7995-0534-5

1 TABLESPOON
¼ TEASPOON